TRAITÉ

DES

PRISES MARITIMES

DANS LEQUEL

ON A REFONDU EN PARTIE LE TRAITÉ DE VALIN

EN L'APPROPRIANT A LA LÉGISLATION NOUVELLE

PAR MM.

A. DE PISTOYE,
Ancien avocat à la Cour impériale de Paris,
chevalier de la Légion d'honneur,
chef de bureau au ministère de l'agriculture,
du commerce et des travaux publics.

CH. DUVERDY,
Avocat à la Cour impériale de Paris,
docteur en droit.

OUVRAGE

Contenant un grand nombre de décisions inédites
de l'ancien Conseil des prises,
et les actes émanés en 1854 des gouvernements belligérants et neutres.

AUGMENTÉ EN 1859

d'un Annexe renfermant la déclaration du Congrès de Paris, plusieurs autres documents
de droit maritime et les décisions du Conseil des Prises de 1854 à 1856.

TOME PREMIER.

PARIS

AUGUSTE DURAND, LIBRAIRE, RUE DES GRÈS, 7.

1859

TRAITÉ

DES

PRISES MARITIMES.

TYPOGRAPHIE HENNUYER, RUE DU BOULEVARD, 7, BATIGNOLLES.
Boulevard extérieur de Paris.

TRAITÉ

DES

PRISES MARITIMES

DANS LEQUEL

ON A REFONDU EN PARTIE LE TRAITÉ DE VALIN

EN L'APPROPRIANT A LA LÉGISLATION NOUVELLE

PAR MM.

A. DE PISTOYE,

Ancien avocat à la Cour Impériale de Paris,
chevalier de la Légion d'honneur,
chef de bureau au ministère de l'agriculture,
du commerce et des travaux publics.

CH. DUVERDY,

Avocat à la Cour Impériale de Paris,
docteur en droit.

OUVRAGE

Contenant un grand nombre de décisions inédites
de l'ancien Conseil des prises,
et les actes émanés en 1854 des gouvernements belligérants et neutres,

AUGMENTÉ EN 1859

d'une Annexe renfermant la déclaration du Congrès de Paris, plusieurs autres documents
de droit maritime et les décisions du Conseil des Prises de 1854 à 1856.

TOME PREMIER.

PARIS

AUGUSTE DURAND, LIBRAIRE, RUE DES GRÈS, 7.

Les auteurs se réservent le droit de traduction en toutes langues.

1859

N. B. Les passages qui se trouvent entre [ ] ont été empruntés au *Traité des Prises* publié en 1763 par Valin.

TRAITÉ

DES

PRISES MARITIMES.

*E

Conformément aux lois et aux traités internationaux sur la propriété littéraire, les auteurs se réservent le droit exclusif de publier et de faire traduire cet ouvrage en toutes langues.

TYPOGRAPHIE HENNUYER, RUE DU BOULEVARD, 7. BATIGNOLLES.
Boulevard extérieur de Paris.

TRAITÉ

DES

PRISES MARITIMES

DANS LEQUEL

ON A REFONDU EN PARTIE LE TRAITÉ DE VALIN

EN L'APPROPRIANT A LA LÉGISLATION NOUVELLE

PAR MM.

A. DE PISTOYE,	CH. DUVERDY,
Ancien avocat à la Cour impériale de Paris, chevalier de la Légion d'honneur, chef de bureau au ministère de l'agriculture, du commerce et des travaux publics.	Avocat à la Cour impériale de Paris, docteur en droit.

OUVRAGE

Contenant un grand nombre de décisions inédites
de l'ancien Conseil des prises,
et les actes émanés en 1854 des gouvernements belligérants et neutres,

AUGMENTÉ EN 1859

d'une Annexe renfermant la déclaration du Congrès de Paris, plusieurs autres documents
de droit maritime et les décisions du Conseil des Prises de 1854 à 1856.

TOME DEUXIÈME.

PARIS

AUGUSTE DURAND, LIBRAIRE, RUE DES GRÈS, 7.

—

Les auteurs se réservent le droit de traduction en toutes langues.

1859

N. B. Les passages qui se trouvent entre [ ] ont été empruntés au *Traité des Prises* publié en 1763 par Valin.

ANNEXE IV.

Publié en 1859.

ACTES OFFICIELS, ACTES DIPLOMATIQUES, ET JUGEMENTS DE PRISES
INTERVENUS DEPUIS LA PUBLICATION DU TRAITÉ DES PRISES.

*Déclaration du Congrès de Paris sur le droit international maritime
du 16 avril 1856.*

(Rendue exécutoire en France par décret impérial du 28 avril 1856.)

« Les plénipotentiaires qui ont signé le traité de Paris du 30 mars 1856,
réunis en conférence,

« Considérant :

« Que le droit maritime, en temps de guerre, a été pendant longtemps l'objet de contestations regrettables ;

« Que l'incertitude du droit et des devoirs en pareille matière donne
lieu, entre les neutres et les belligérants, à des divergences d'opinion
qui peuvent faire naître des difficultés sérieuses et même des conflits ;

« Qu'il y a avantage, par conséquent, à établir une doctrine uniforme
sur un point aussi important ;

« Que les plénipotentiaires, assemblés au Congrès de Paris, ne sauraient mieux répondre aux intentions dont leurs gouvernements sont
animés, qu'en cherchant à introduire dans les rapports internationaux
des principes fixes à cet égard ;

« Dûment autorisés, les susdits plénipotentiaires sont convenus de
se concerter sur les moyens d'atteindre ce but, et, étant tombés d'ac-
cord, ont arrêté la déclaration solennelle ci-après :

« 1° La course est et demeure abolie ;

« 2° Le pavillon neutre couvre la marchandise ennemie, à l'exception
de la contrebande de guerre ;

« 3° La marchandise neutre, à l'exception de la contrebande de guerre,
n'est pas saisissable sous pavillon ennemi ;

« 4° Les blocus, pour être obligatoires, doivent être effectifs, c'est-à-
dire maintenus par une force suffisante pour interdire réellement l'accès
du littoral de l'ennemi.

« Les gouvernements des plénipotentiaires soussignés s'engagent à
porter cette déclaration à la connaissance des États qui n'ont pas été
appelés à participer au Congrès de Paris et à les inviter à y accéder.

« Convaincus que les maximes qu'ils viennent de proclamer ne sauraient être accueillies qu'avec gratitude par le monde entier, les plénipotentiaires soussignés ne doutent pas que les efforts de leurs gouvernements pour en généraliser l'adoption ne soient couronnés d'un plein
succès.

« La présente déclaration n'est et ne sera obligatoire qu'entre les puissances qui y ont ou qui y auront accédé.

« Fait à Paris, le 16 avril 1856. »

Dans un rapport adressé à l'Empereur, le 12 juin 1858, le ministre des affaires étrangères a annoncé que toutes les puissances européennes et américaines avaient adhéré à la déclaration du 16 avril 1856, sauf trois exceptions. L'Espagne et le Mexique n'ont pas accédé au premier point relatif à l'abolition de la course, mais ils ont adhéré aux trois autres. Les Etats-Unis de l'Amérique du Nord ont subordonné leur adhésion à un point qui n'a pas été admis : ils demandaient que la propriété privée des sujets des Etats belligérants fût exempte de saisie sur mer. Le Brésil, tout en adhérant sans restriction à la déclaration du Congrès de Paris, a déclaré appuyer la proposition des Etats-Unis.

Les adhésions de toutes les puissances ont été réunies dans une publication officielle, faite à Paris en août 1858. Mais on n'y trouve pas la réponse des Etats-Unis, puisqu'ils faisaient des conditions telles, qu'elle équivalait à un refus.
— Cette réponse étant un important document de droit international, nous croyons devoir la donner ici :

« La politique de la loi qui permet d'avoir recours aux corsaires a été discutée pour des motifs que le gouvernement des Etats-Unis ne peut accepter. Sans entrer dans aucune discussion sur ce point, le soussigné combattra les objections principales élevées contre cette politique à l'aide d'une autorité qui mérite le plus grand respect, surtout en France. Dans un commentaire sur l'ordonnance de 1681, rendue par le gouvernement français, Valin dit :

« Si légitime que soit ce mode de faire la guerre, il est néanmoins
« désapprouvé par quelques prétendus philosophes. Selon eux, ce n'est
« pas de cette façon qu'il faut servir l'Etat et le souverain, et les profits
« que les particuliers peuvent tirer de la pratique de ce système sont
« illicites ou tout au moins déshonorants. Mais c'est là le langage de mau-
« vais citoyens qui, sous le masque pompeux d'une fausse sagesse et
« d'une conscience qui s'exagère astucieusement ses scrupules, cher-
« chent à égarer l'opinion en cachant le secret motif qui les rend si
« indifférents à l'intérêt de l'Etat. Ils sont aussi dignes de blâme que
« sont dignes d'éloges ceux qui exposent généreusement leurs biens et
« leur vie aux dangers de la course. »

« Dans un ouvrage de grande réputation, publié à Paris presque
en même temps que s'y tenait le Congrès, on déclare que « la délivrance
« de lettres de marque est un acte habituel aux puissances belligérantes.
« Les bâtiments armés en course sont *bona fide* des bâtiments de guerre
« manœuvrés par des volontaires auxquels, en manière de récompense,

« le souverain abandonne les prises qu'ils font de la même façon qu'il
« assigne quelquefois aux troupes de terre une portion des contribu-
« tions de guerre levées sur l'ennemi vaincu. » (Pistoye et Duverdy,
Des Prises maritimes.)

« Nous ne contesterons pas que, parfois, des ennuis et même des
mauvais traitements ne soient résultés, pour le commerce des neutres,
de la pratique de la course. Ce cas était plus fréquent autrefois que de
nos jours ; mais, quand il est question de changer une loi, il faut considérer à la fois les maux qu'elle engendre comme les bienfaits et les
avantages qu'elle produit. Si l'on peut obtenir, d'une autre façon, ces
avantages et ces bienfaits, sans nuire à d'autres droits, ces abus occa-
sionnels peuvent alors justifier le changement, si ancienne et si ferme-
ment établie que soit la loi.

« Les raisons qui ont engagé le Congrès de Paris à déclarer la course
abolie ne sont pas exposées ; mais il est présumable que ce sont celles
qu'on fait valoir habituellement contre l'exercice de ce droit des belligérants. L'extension du christianisme et les progrès de la civilisation ont
considérablement mitigé la sévérité de l'ancien système de faire la
guerre. Aujourd'hui, la guerre est l'affaire du gouvernement. « C'est
« l'autorité publique qui déclare et fait la guerre ; les individus n'ont
« pas le droit d'y prendre part, à moins qu'ils n'y soient autorisés par
« leurs gouvernements. » C'est un principe qui domine de nos jours, au
moins en ce qui touche les opérations sur terre, que les personnes et
les biens des non-combattants doivent être respectés. Le pillage ou la
saisie sans compensation de la propriété individuelle par une armée,
même en possession d'un territoire ennemi, est contre les usages des
temps modernes. Aujourd'hui, une telle manière de procéder serait
condamnée par l'opinion, à moins d'être justifiée par des circonstances
particulières. Toutes les considérations qui militent en faveur de ce sen-
timent, en ce qui concerne la conduite de la guerre sur terre, militent également en faveur de l'application du même principe aux personnes
comme aux biens des sujets des puissances belligérantes trouvés sur
l'Océan.

« On peut présumer que le vif désir d'améliorer les cruels usages de
la guerre, en exemptant la propriété particulière sur l'Océan de la saisie
ennemie, comme l'usage veut qu'elle en soit exempte sur terre, a été
la principale considération qui a conduit le Congrès de Paris à déclarer
la course abolie. Le soussigné est chargé par le président de dire qu'il
donne avec empressement son assentiment au principe qui tend à
exempter la propriété particulière sur l'Océan comme sur terre. Du
reste, le soussigné ne peut mieux formuler les idées du président sur
ce point qu'en citant le passage suivant de son message au Congrès, le
4 décembre 1854 :

« La proposition de nous engager à renoncer à l'emploi des corsaires,
« dans le cas où ce pays serait entraîné dans une guerre avec une
« grande puissance navale, ne mérite pas plus de considération qu'une
« proposition tendant à nous obliger à ne pas accepter les services des
« volontaires pour les opérations militaires sur terre. Lorsque l'honneur
« et les intérêts de notre pays exigent qu'il prenne une attitude hostile,
« il compte sur le patriotisme de ceux de ses enfants qui ne sont pas
« voués par état à la profession militaire, pour augmenter l'armée et la
« marine, de manière à être à la hauteur des circonstances qui réclament
« leur concours patriotique. La proposition d'abandonner le droit d'em-

« ployer les corsaires est fondée sur ce principe, que la propriété par-
« ticulière des non-combattants inoffensifs, quoique ennemis, doit être
« exempte des ravages de la guerre ; mais, même en faisant cet abandon
« qu'on nous propose, on serait encore loin de compte pour appliquer
« ce principe qui veut que la propriété particulière ne soit pas saisie ou
« molestée par des vaisseaux de guerre. Si les principales puissances
« de l'Europe s'accordent à proposer, comme principe de droit interna-
« tional, d'exempter la propriété particulière, sur l'Océan, de toute
« saisie par les croiseurs armés par un Etat de même que par les cor-
« saires, les Etats-Unis sont tout prêts à se rencontrer avec eux sur ce
« large terrain. »

« Les raisons en faveur de la doctrine que la propriété particulière
doit être exempte de toute saisie dans les opérations militaires ont été
considérées, au temps éclairé où nous vivons, comme assez fortes pour
en assurer l'adoption partielle par toutes les nations civilisées, mais il
serait difficile de trouver quelque raison substantielle justifiant la distinction, aujourd'hui reconnue dans son application, à la propriété des
particuliers sur terre et non à celle qu'on trouve sur l'Océan.

« Si la déclaration adoptée à Paris a pour but d'abolir cette distinction et de donner aux propriétés des sujets belligérants la même
sécurité contre les ravages sur l'Océan que celle qui est accordée aujourd'hui à leurs propriétés sur terre, le Congrès de Paris est resté bien
loin du résultat qu'il s'était proposé, en ne plaçant pas les effets indi-
viduels des belligérants à l'abri des vaisseaux de guerre, aussi bien que
des vaisseaux armés en course. Si ces biens doivent rester exposés à
être capturés par des vaisseaux appartenant à la marine de la partie ad-
verse, il est extrêmement difficile de comprendre comment ils ne seraient pas également exposés à être capturés par des vaisseaux armés en
course, qui ne sont, à les bien considérer, qu'une autre branche de la
force publique de la nation qui leur a délivré des lettres de marque.

« Si l'on abandonnait le principe de capturer des biens particuliers
sur l'Océan, et de les condamner comme bonne prise de guerre, ces
biens seraient, comme en bonne justice ils doivent l'être, aussi bien ga-
rantis contre toute agression de la part des vaisseaux de guerre que de
celle des vaisseaux armés en course. Mais si ce principe est maintenu,
il serait plus qu'inutile de chercher à borner l'exercice du droit de
capture à telle ou telle spécialité particulière de la force publique des
nations belligérantes. Il n'y a pas de principe de saine logique qui
puisse soutenir une distinction pareille, il n'y a pas de capacité qui
puisse tracer la ligne de démarcation qu'on se proposerait d'établir,
pas de tribunal compétent auquel on pût déférer une question litigieuse
à ce sujet. Le prétexte que cette distinction aurait pour base, que les
vaisseaux, n'appartenant pas constamment à une marine régulière, sont
plus sujets à méconnaître les droits des nations que ceux qui font partie
d'une telle marine, ce prétexte n'a guère de valeur devant l'expérience ;
si l'on prétend que la participation dans les prises a pour but de sti-
muler la cupidité, cette objection particulière tombe devant le fait qu'on
s'adresse à la même passion, par la distribution de l'argent des prises
entre les officiers et les équipages des vaisseaux d'une marine régulière. Toute nation qui autorise des vaisseaux armés en course est res-
ponsable de leur conduite comme de celle de sa marine, et prendra,
par simple prévoyance, toutes les mesures convenables pour combattre
les abus.

« Mais si l'on essayait d'établir une pareille distinction, il serait fort difficile, sinon impraticable, de définir la classe particulière de la force maritime officielle qu'on devrait considérer comme armée en course. Des *disputes déplorables*, en plus grand nombre et d'un accommodement difficile, surgiraient de la tentative d'établir une distinction entre des vaisseaux armés en course et des vaisseaux de guerre.

« Si l'on établissait cette distinction, chaque nation aurait le droit incontesté de déclarer quels vaisseaux constitueraient sa marine et ce qui serait requis pour leur donner le caractère de vaisseaux de guerre. Ce sont là des questions qu'il ne serait guère prudent d'abandonner à la détermination ou à la prévision d'une puissance étrangère quelconque, et cependant la décision d'une controverse pareille tomberait entre les mains des puissances maritimes prédominantes qui sauraient bien appuyer leur arrêt. Il est bien permis d'exciter les puissances plus faibles à éviter autant que possible une telle juridiction, et à maintenir avec fermeté toute barrière existant encore contre des empiétements émanant de ce côté.

« Nulle nation qui se respecte ne permettra à une autre, belligérante ou neutre, de déterminer le caractère de la force qu'elle jugera convenable d'employer dans ses actes d'hostilité, et elle agira contrairement aux lois de la prudence, si elle abdique volontairement la faculté de recourir à tout moyen qui, sanctionné par le droit international, peut lui être avantageux, soit pour la défense, soit pour l'agression, dans des circonstances quelconques.

« Les Etats-Unis considèrent le maintien permanent de grandes forces maritimes et d'armées considérables, comme nuisible à la propriété nationale, et dangereux pour la liberté civile. Les frais de leur entretien sont un fardeau pour les peuples ; elles sont, en quelque sorte, dans l'opinion de ce gouvernement, une menace constante pour la paix. Une armée considérable, toujours prête à l'accomplissement de projets de guerre, est une puissante tentation. La politique des Etats-Unis a toujours été, est aujourd'hui plus que jamais contraire à de pareils établissements, et ces Etats ne peuvent se résoudre à donner leur consentement à un changement quelconque dans le droit international, qui leur imposerait la nécessité de maintenir, en temps de paix, de puissantes forces maritimes ou une considérable armée régulière. S'ils sont forcés de soutenir leurs droits les armes à la main, ils se bornent, dans l'état actuel des relations internationales, à s'appuyer, pour les opérations militaires sur terre, sur des troupes volontaires, et, pour la protection de leur commerce, sur leur marine marchande. Si ce pays était privé de ces ressources, il serait obligé de changer sa politique, et de prendre une attitude militaire en face du monde. En résistant à une tentative qui, en changeant le droit maritime en vigueur, pourrait produire un résultat pareil, il ne s'arrête pas à son intérêt particulier ; il porte ses vues sur toutes les nations qui ne peuvent espérer devenir des puissances maritimes dominantes. Leur situation, à cet égard, est la même que celle des Etats-Unis, et la protection du commerce et le maintien des relations pacifiques internationales leur crient aussi fortement qu'à ce pays de résister au changement que l'on propose dans le droit des nations en vigueur. Pour ces nations, l'abandon du droit de recourir à des vaisseaux armés en course serait accompagné des conséquences les plus funestes, sans aucun avantage en compensation. Il n'y a certainement pas de meilleures raisons à l'appui de cet abandon, que pour la renonciation au droit d'accepter les services de volontaires, et, dans l'opinion du président, les deux propositions ne méritent pas plus l'une que l'autre d'être accueillies avec faveur. Cette opinion, quant à l'importance des vaisseaux armés en course, pour la grande famille des nations, excepté les grandes puissances maritimes, est non-seulement appuyée par l'histoire, mais encore par les autorités les plus respectables. Le passage suivant, que nous lisons dans le Traité sur les prises maritimes mentionné plus haut, mérite une attention particulière :

« La course est particulièrement utile à ces puissances dont la marine
« est inférieure à celle de leurs ennemis. Les puissances belligérantes,
« ayant des flottes nombreuses, disposent largement de toutes les res-
« sources nécessaires pour établir des croisières sur les mers. Mais si les
« États dont les forces navales sont moins considérables restaient aban-
« donnés à leurs propres ressources, ils ne pourraient point lutter dans
« une guerre maritime ; tandis que, au moyen de navires armés en
« course, ils sont à même de faire éprouver à l'ennemi des pertes égales
« à celles qu'ils éprouvent eux-mêmes. C'est à cause de cela que ces
« gouvernements n'ont rien négligé pour encourager la course. On a
« même vu des souverains qui, non satisfaits de délivrer des lettres de
« marque, ont été même jusqu'à prendre un intérêt dans des armements
« de cette nature. Ainsi Louis XIV prêta fréquemment ses propres
« vaisseaux pour cet usage, et il se réserva même une part dans les
« prises. »

« On ne doit pas s'étonner le moins du monde que les puissances na-
vales considérables se montrent disposées à renoncer à la course, qui, relativement, leur est inutile, à condition que les États plus faibles con-tinueront, de leur côté, à renoncer aux moyens les plus efficaces dont ils disposent pour défendre leurs droits maritimes. Le gouvernement est persuadé qu'il aurait sérieusement à craindre, s'il renonçait à la course, que la domination des mers ne fût livrée à ces puissances qui viennent d'adopter le nouveau droit maritime et qui disposent des moyens d'ar-mer de grandes flottes. Celui qui a une supériorité navale décidée serait le maître absolu de l'Océan, et cette domination, au moyen de l'abolition de la course, serait conservée et maintenue d'autant plus solidement. Une telle puissance, engagée dans une guerre avec une nation inférieure en force navale, n'ayant aucunement à s'inquiéter de la sécurité et de la protection de son commerce, n'aurait qu'à se mettre en quête des vais-seaux réguliers de son ennemi. Ceux-ci seraient facilement tenus en échec par la moitié ou même moins de ses forces navales, et l'autre moitié aurait toute liberté pour balayer de l'Océan le commerce de son ennemi, et les désastreux effets d'une grande supériorité navale pour les États plus faibles ne seraient pas beaucoup amoindris, si cette supé-riorité était partagée entre trois ou quatre grandes puissances. Il est donc hors de conteste que l'intérêt de ces États plus faibles doit les détermi-ner à ne pas adopter une mesure qui est si favorable à l'accroissement des établissements maritimes réguliers.

« En discutant l'effet de la mesure proposée, c'est-à-dire l'abolition de la course, on ne peut s'empêcher de jeter un coup d'œil sur la situation présente des nations. On voit tout d'abord deux nations dont le com-merce est à peu près égal et également répandu sur toute la surface du globe. Comme puissances commerciales, elles approchent donc de l'éga-lité ; mais comme puissances navales, il existe entre elles deux une dis-parité fort grande. Les armements maritimes réguliers de l'une dépassent énormément les armements de l'autre. Si une guerre venait à éclater entre elles, une partie fort peu importante de la flotte de l'une suffirait pour empêcher celle de l'autre d'être employée à la défense ou à l'agression, tandis que l'autre partie de la flotte n'aurait qu'à s'occuper de détruire le commerce de la nation dont la puissance navale serait inférieure. Aux conséquences fatales de cette grande inégalité de forces navales entre les deux puissances belligérantes, on remédierait, en partie, au moyen de navires armés en course; dans ce cas, des corsaires faisant une guerre à outrance au commerce de l'ennemi sur toutes les mers, celui-ci serait obligé d'envoyer de tous côtés des navires afin de se protéger. Ce fait seul montre ce qui arriverait, plus ou moins, dans toute guerre où il y aurait une grande disparité de forces navales chez les puissances belligérantes.

« L'histoire jette une grande lumière sur cette question. La France, à une époque très-éloignée, n'avait point de marine, et, dans ses guerres soit avec l'Angleterre, soit avec l'Espagne, qui étaient alors puissances navales, elle recourut avec succès à la course, non seulement pour la défense, mais encore pour l'attaque. Elle obtint même de la Hollande un grand nombre de corsaires, et, par ce moyen, elle remporta sur l'Océan des avantages marqués sur ses ennemis. Alors qu'elle était dans cette situation, la France n'aurait certainement pas pris l'initiative ou n'aurait pas donné son concours pour une proposition qui aurait eu pour but l'abolition de la course. La situation d'un grand nombre de petits États du monde est aujourd'hui, relativement aux puissances navales, peu différente de la situation de la France au milieu du seizième siècle. À une époque plus voisine de nous, pendant le règne de Louis XIV, on forma des escadrilles composées uniquement de navires armés en course, lesquels rendirent des services signalés, et donnèrent fort à faire aux puissances navales avec lesquelles la France était en guerre Ceux qui peuvent exercer en tout temps un contrôle sur l'Océan veulent à toute force régler la liberté des mers d'une manière telle qu'elle favorise leurs intérêts ou leurs vues ambitieuses. L'Océan est la propriété commune de toutes les nations, et, au lieu de prêter les mains à une mesure qui donnera probablement à peu de puissances, peut-être même à une seule, la prépotence sur les mers, tout État doit opiniâtrément s'attacher aux moyens qu'il a en sa possession pour défendre l'héritage commun. Une puissance prédominante sur l'Océan est encore plus menaçante pour le bien-être des autres nations qu'une puissance prédominante sur terre. C'est pourquoi toutes les nations sont également intéressées à repousser une mesure qui tend à favoriser l'établissement permanent d'une telle domination, soit que cette domination appartienne à une puissance soit qu'elle appartienne à plusieurs.

« Les dommages qui seraient probablement le résultat de l'abandon de la domination sur les mers, soit à une nation qui dispose d'une puissante marine soit à plusieurs, sont dus surtout à la coutume de soumettre la propriété privée sur l'Océan à la saisie par les puissances belligérantes. La justice et l'humanité exigent que cette coutume soit abandonnée, et que la règle relative à la propriété sur terre soit étendue jusqu'à elle, quand elle est rencontrée sur les mers.

« Le président propose, en conséquence, d'ajouter à la première proposition contenue dans la déclaration du Congrès de Paris, les mots suivants : « Et la propriété privée des sujets de l'une des puissances mari-
« times belligérantes ne pourra être saisie par les vaisseaux de l'autre, à

« moins qu'elle ne consiste en contrebande de guerre. » Ainsi amendée, la proposition sera acceptée par le gouvernement des Etats-Unis, de même que les trois autres principes contenus dans la déclaration. Je suis autorisé à communiquer l'approbation donnée par le président à la seconde, troisième et quatrième proposition, indépendamment de la première, dans le cas où l'amendement ne serait point accepté. Cet amendement s'appuie sur des considérations si puissantes, et le principe qu'il invoque a, depuis si longtemps, été sanctionné par toutes les nations dans les guerres sur terre, que le président ne pense pas qu'il rencontrera aucune opposition sérieuse. Sans la modification proposée au premier principe, il ne peut se persuader qu'il soit sage et prudent de changer la loi existante sur la course. »

RÈGLEMENTS ET DÉCISIONS SUR LES PRISES. **1854-1856.**

Règlement du Conseil impérial des prises, arrêté le 11 octobre 1854.

ART. 1er. Les pièces transmises par les ministres au Conseil des prises, les requêtes, mémoires et productions des parties, doivent être déposés au secrétariat du Conseil et inscrits sur un registre, suivant leur ordre de date, ainsi que la remise qui en est faite au rapporteur.

ART. 2. Le président nomme le rapporteur pour chaque affaire; il désigne celles des affaires qui sont réputées urgentes, soit par leur nature, soit par des circonstances spéciales.

ART. 3. La date de la distribution des affaires, avec l'indication de leur nature, est inscrite sur un registre particulier à la disposition du président pendant la séance.

ART. 4. Les rapporteurs doivent présenter leurs rapports dans le délai le plus bref, et dans l'ordre déterminé par le président. Les rapports et le projet de décision [1] doivent être rédigés par écrit. Lorsqu'une affaire exige un supplément d'instruction ou qu'elle peut donner lieu à des communications, le rapporteur doit en entretenir le Conseil au commencement de la première séance qui suit la remise du dossier entre ses mains; après la décison du Conseil, il prépare la correspondance relative à l'affaire, remet son travail au secrétaire-greffier, chargé de le faire expédier. Cette correspondance est signée par le commissaire du gouvernement, et les décisions de *soit communiqué* sont signées par le président.

ART. 5. Les avocats des parties peuvent prendre communication des pièces du dossier avec l'autorisation du président, sans déplacement et dans le délai qui leur est accordé.

ART. 6. Lorsque l'instruction d'une affaire est complète, le rapport et l'avis du rapporteur, ainsi que toutes les pièces, sont déposés par le

---

[1] Il ne s'agit ici que de la partie des projets de décision qui correspond aux qualités des jugements ordinaires.

rapporteur au secrétariat du Conseil. Le secrétaire-greffier les transmet immédiatement au commissaire du gouvernement; le commissaire du gouvernement, après avoir pris connaissance du dossier, le remet avec ses conclusions par écrit au secrétaire-greffier, chargé d'en faire le renvoi au rapporteur, et d'en donner avis au président. Le rapporteur soumet l'affaire au Conseil avec un projet de décision.

ART. 7. Lorsqu'une affaire est en état d'être jugée avant l'expiration du délai de trois mois déterminé par l'article 13 de l'arrêté du 6 germinal an VIII, le Conseil peut, sur les conclusions du commissaire du gouvernement, et sur l'avis du rapporteur, fixer un délai plus rapproché, d'après lequel il est passé outre au jugement.

ART. 8. Les membres du Conseil siègent dans l'ordre de nomination déterminé par le décret du 24 juillet 1854. Les votes, après la discussion de chaque affaire, sont recueillis par le président dans le même ordre.

ART. 9. En cas d'absence ou d'empêchement, le président est remplacé par le membre du Conseil qui siège immédiatement après lui.

ART. 10. Le commissaire du gouvernement, indépendamment de ses conclusions données par écrit, est admis à présenter ses observations en tout état de la discussion. Le secrétaire-greffier tient la plume dans toutes les séances du Conseil.

ART. 11. Le secrétaire-greffier dresse procès-verbal sur un registre spécial des affaires délibérées à chaque séance, et des décisions prises par le Conseil; il y fait mention de tous les membres présents.

ART. 12. Les minutes des décisions prises par le Conseil dans chaque affaire sont rédigées par le rapporteur, après la délibération du Conseil; elles sont signées par le rapporteur, le président et le secrétaire, et transcrites successivement sur le registre spécial. Le commissaire du gouvernement est chargé d'en donner connaissance aux ministres intéressés et de les faire notifier aux parties.

Règlement concernant les interprètes près le Conseil des prises,
arrêté le 11 octobre 1854.

ART. 1er. Aucun interprète ne sera admis à remplir ses fonctions devant le Conseil qu'après un examen préalable sur sa capacité et après avoir prêté serment. Pourront être admis, sans nouvelle prestation de serment, les interprètes assermentés près du Conseil d'État, de la Cour de cassation ou de la Cour impériale de Paris.

ART. 2. L'examen sera fait par un ou plusieurs commissaires que le Conseil choisira dans son sein; et lorsqu'il s'agira de langues non familières aux membres du Conseil, le commissaire du gouvernement avisera aux moyens de faire procéder autrement à cet examen.

ART. 3. Aucun interprète admis par le Conseil ne pourra, sous peine de révocation, se charger de la traduction de pièces écrites en une langue qu'il serait hors d'état de traduire lui-même, ni copier et signer une traduction faite par un individu étranger au Conseil.

ART. 4. Il sera dressé un tableau des interprètes; ils y seront inscrits dans l'ordre de la date de leur réception; à la suite de leurs noms seront énoncées les langues qu'ils sont admis à traduire.

ART. 5. Lorsque le commissaire du gouvernement jugera utile la traduction des pièces en langue étrangère, il désignera celui des interprètes
reçus près le Conseil qui devra faire cette traduction. Lorsque la traduction d'une pièce sera jugée nécessaire par le rapporteur d'une affaire,
le rapporteur devra en faire la demande au commissaire du gouvernement qui est chargé d'y faire droit.

ART. 6. Les parties ou leurs défenseurs pourront choisir à leur gré,
parmi les interprètes, pour les traductions qu'ils entendent faire faire
des pièces en langues étrangères.

ART. 7. La traduction des pièces par les interprètes aura lieu au secrétariat du Conseil et sous la surveillance du commissaire du gouvernement et du secrétaire-greffier, sans qu'en aucun cas les pièces dont la
traduction est requise puissent être déplacées, et sortir du secrétariat.

ART. 8. Les pièces peu importantes ou contenant des formules ou
protocoles imprimés d'un usage habituel ne seront traduites que par
extrait ou par analyse, à moins que la traduction entière n'en soit spé-
cialement ordonnée d'office par le commissaire du gouvernement ou
demandée par les parties.

ART. 9. Lorsque des pièces en langue étrangère seront produites au
Conseil avec leurs traductions, en forme authentique, ces traductions
seront admises, sauf vérification à faire, s'il y a lieu, par les interprètes
près le Conseil, dans les formes ci-dessus. Les traductions qui seraient
présumées inexactes pourront toujours, et en tout état de cause, être véri-
fiées ou recommencées par un interprète près le Conseil, à la diligence
du commissaire du gouvernement.

ART. 10. Les traductions doivent contenir au moins trente lignes à la
page, et de seize à dix-huit syllabes à la ligne.

ART. 11. Les traductions dans une même affaire seront payées à raison, non du nombre des pièces séparément traduites, mais du nombre
total des rôles que formeraient ces traductions ajoutées les unes à la
suite des autres; et, si ce nombre laisse une fraction de rôle, cette
fraction sera comptée pour un rôle.

ART. 12. La vérification d'une traduction sera payée le quart de la
taxation de la traduction entière.

ART. 13. La nature des traductions différant essentiellement dans la
plupart des questions relatives aux prises, et le traducteur pouvant,
dans certains cas, rencontrer des obstacles plus ou moins graves, notamment lorsque des pièces à traduire se trouvent en partie altérées par
l'eau de mer, le Conseil se réserve de fixer, dans chacune des affaires,
même, s'il y a lieu, par une décision particulière, provoquée par le
commissaire du gouvernement, le salaire qui devra être alloué aux
interprètes pour leurs traductions, en raison de leur nature et de leur
étendue.

ART. 14. Si le capturé a constitué un défenseur, ce défenseur avan-
cera seulement, et sous la réserve de répétition, s'il y a lieu, les frais des
traductions par lui demandées, ou de celles des pièces par lui produites.
Quant aux autres pièces remises par le capteur aux premiers juges
d'instruction, et transmises au Conseil sans traduction, le payement des
traductions qui en seront faites sera effectué comme il est statué en
l'article suivant.

ART. 15. Si aucune des parties n'a constitué de défenseur, comme
aussi dans le cas où les frais de traduction devront être acquittés par la
caisse des invalides de la marine, ou par toute autre caisse publique, il

sera délivré à l'interprète traducteur un extrait, certifié conforme par le secrétaire greffier, de la décision du Conseil, pour servir de titre et de direction à l'interprète. Le commissaire du gouvernement donnera avis de cette décision à l'autorité compétente, en l'invitant à ordonner le paye- ment des frais à acquitter, soit par le capturé, avant relaxation de la prise ou de partie de la prise, soit par l'une des caisses publiques.

ART. 16. Il pourra y avoir un interprète au secrétariat pendant la tenue des séances du Conseil.

ART. 17. Le présent règlement et le tableau des interprètes seront imprimés et affichés au secrétariat, pour que les parties, leurs défen- seurs et les interprètes puissent en prendre connaissance.

CONSEIL D'ÉTAT. — 13 janvier 1855.

L'appel des décisions du Conseil des prises doit être porté devant l'as- semblée générale du Conseil d'Etat et non devant la section du conten- tieux.

LE CHRISTIANE.

Le navire *le Christiane* avait été condamné par le Conseil des prises, le 25 novembre 1854 (V. *suprà*, t. II, p. 502). Le capitaine et les armateurs attaquèrent la décision de ce Conseil devant la section du contentieux du Conseil d'Etat, qui se déclara incompétente, par l'arrêt suivant :

« NAPOLÉON ; — Considérant que si, d'après le décret du 11 juin 1806 et les ordonnances royales des 9 janvier et 25 août 1815 et du 12 août 1830, la commission du contentieux et après elle le comité du contentieux et celui de législation et de justice administrative étaient chargés de faire l'instruction et de préparer les projets de décision dans les affaires de prises maritimes, le rapport devait, en vertu des mêmes décret et ordonnances, être fait dans l'assemblée générale du Conseil d'Etat, comme pour les affaires administratives non contentieuses ;

« Que les ordonnances royales des 5 février et 12 mars 1831 ayant établi des formes de procédures spéciales pour le jugement des affaires contentieuses, l'ordonnance royale du 9 septembre de la même année a disposé que ces formes n'étaient pas applicables au jugement sur la va- lidité des prises maritimes, et que le Conseil d'Etat continuerait de sta- tuer sur cette matière, selon les formes établies par les règlements an- térieurs auxdites ordonnances ;

« Que, par l'article 8 de notre décret du 30 janvier 1852, la section de législation a été chargée de l'examen des affaires relatives aux prises maritimes, et que, d'après l'article 13 de ce même décret, les projets de décret qui ont pour objet des prises maritimes doivent être portés à l'assemblée générale du Conseil d'Etat ;

« Que notre décret du 18 juillet 1854, en autorisant le recours de- vant nous en notre Conseil d'Etat contre les décisions rendues par le

Conseil impérial des prises, n'a ni modifié, ni entendu modifier ces dispositions ;

« Que, dès lors, le recours introduit dans les formes établies pour les affaires contentieuses, au nom du sieur Vilken et des sieurs Zeuthen et C*, contre la décision ci-dessus visée du Conseil impérial des prises, est non recevable ;

« Notre Conseil d'Etat au contentieux entendu ,

« Avons décrété et décrétons ce qui suit :

« Art. 1er. La requête du sieur Vilken et des sieurs Zeuthen et C* est rejetée. »

Conseil impérial des prises. — 30 *décembre* 1854.

La déclaration impériale du 27 mars 1854, relative à la sortie des navires russes des ports français, ne peut s'appliquer à la sortie des mêmes navires des ports neutres.

Les instances de prises sont liées avec les capitaines, ce qui exclut l'intervention des tiers.

Le Couriren.

Une déclaration de l'Empereur, publiée le 27 mars 1854, accordait, aux navires russes qui se trouvaient dans les ports français ou qui étaient sortis des ports russes, à destination de France, avant la déclaration de guerre, un délai de six semaines pour entrer et séjourner dans les ports français et pour y prendre chargement.

L'article 2 de la déclaration disait que tout navire russe qui, sorti d'un port de l'Empire avant l'expiration de ce délai de six semaines, serait capturé par les croiseurs français, devrait être relâché s'il établissait qu'il se rendait directement à son port de destination.

Le navire russe *le Couriren*, qui se trouvait à Fernambuc au moment de la déclaration de guerre et qui y avait pris chargement pour Valparaiso, fut capturé par le navire français *le Phoque. Le Couriren* pouvait-il échapper à la capture, en invoquant la déclaration du 27 mars 1854, et en prouvant que, sorti dans le délai de six semaines du port neutre où il était, il faisait route directe pour son port de destination, Valparaiso? Pouvait-on, par un argument *à fortiori*, étendre aux ports neutres la déclaration du 27 mars, qui s'appliquait aux ports des ennemis de la Russie?

L'affaire présentait encore une autre question : MM. Rassel et Durkoop, qui avaient fait assurer le navire pour les armateurs, voulaient intervenir. Or, il est de principe que toute instance de prises est liée avec le capitaine du navire capturé; y avait-il lieu à déroger à ce principe?

Le Conseil, sur les conclusions conformes de M. L. de Clercq, commissaire du gouvernement, a jugé comme suit :

« Considérant, en fait, que des pièces et de l'instruction il résulte que le navire *le Couriren*, naviguant sous pavillon russe et sous le commandement du capitaine Sandstroom, a été capturé, le 9 juillet 1854, par des embarcations armées appartenant à la corvette à vapeur de la marine impériale *le Phoque*, à quinze milles en mer au nord-ouest du cap Coucon, et que ce bâtiment portait un chargement de sucre de Fernambuc à Valparaiso, pour compte de divers négociants du Brésil, à la consignation du sieur J. Cerrero ;....

« Considérant, en droit, en ce qui touche le navire :

« Que le bâtiment est de nationalité et de propriété ennemies; qu'il a été capturé d'une manière régulière, postérieurement à la déclaration de guerre, en dehors des eaux territoriales du Chili; qu'il ne se trouve dans aucun des cas exceptionnels prévus par les déclarations impériales ou les actes du gouvernement britannique, et que les délais qui ont été accordés par exception aux bâtiments russes partis des ports français ou anglais, ou à destination de ces ports, ne peuvent être étendus à des bâtiments partis à destination de ports neutres ;

« Qu'ainsi il y a lieu d'appliquer à ce bâtiment les dispositions de l'article 51 de l'arrêté du 2 prairial an XI, en le déclarant de bonne prise;....

« Quant à l'intervention des sieurs Rassel et Durkoop :

« Considérant, en la forme, que ces négociants sont sans droit pour intervenir dans l'instance, soit au nom de l'armateur, puisqu'ils ne représentent aucun mandat de ce dernier, soit en leur nom personnel, puisque l'assurance, contractée par eux pour le compte d'un tiers, ne saurait leur conférer aucun intérêt direct dans l'affaire, soit enfin au nom des assureurs, puisqu'ils ne justifient d'aucun délaissement ;

« Que l'instance est liée contradictoirement avec le capitaine, et qu'il y aurait de graves inconvénients à admettre dans l'instruction des prises l'intervention de tiers sans titres suffisants pour agir ;

« Qu'au surplus, les motifs allégués pour faire invalider la prise sont suffisamment réfutés par les considérants qui précèdent ;

« Qu'ainsi il n'y a lieu de s'arrêter à leur intervention, et qu'il est juste de leur en faire supporter les frais ;

« Décide que la prise du navire *le Couriren* est déclarée bonne et valable ;

« Déclare les sieurs Rassel et Durkoop mal fondés en leur intervention dans l'instance et les condamne aux frais y relatifs. »

Cette décision a été confirmée par le Conseil d'Etat, le 23 avril 1855.

CONSEIL IMPÉRIAL DES PRISES. — 13 janvier 1855.

*Est de bonne prise le navire d'origine ennemie, vendu à des neutres,
qui ne peut pas justifier, par un acte présent à bord, de la vente et de
la transmission de la propriété antérieure à la déclaration de la guerre.*

L'ALEXANDRE Ier.

Ainsi jugé sur les conclusions conformes de M. L. de
Clercq, commissaire du gouvernement :

« LE CONSEIL; Considérant que des pièces et de l'instruction il résulte,
en fait, que le navire *l'Alexandre Ier*, naviguant sous pavillon ionien et
sous le commandement apparent du sieur Panaï Rossolino, a été capturé le 22 septembre 1854, par l'aviso à vapeur de la marine impériale
le Solon, par 37° 29' latitude nord et 22° 50' longitude est du méridien
de Paris, en dehors des eaux territoriales de la Grèce, et que ce bâtiment était alors sur lest et se dirigeait de Syra sur Constantinople ;

« Que ledit navire, construit en 1846, et armé alors pour le compte du
sieur Alexandre Mavro, négociant russe à Odessa, a navigué depuis
cette époque, sous pavillon russe et sous le commandement des sieurs
Christophe et Paul Dabcewich, l'un en qualité de capitaine, l'autre en
qualité de second ;

« Que ce n'est qu'au mois de juillet 1853, après la rupture des relations diplomatiques entre la Russie et la Porte, et l'envahissement des
provinces danubiennes par les armées russes, que ce navire, alors à
Odessa, a pris à la place de son pavillon ionien, par
suite d'une vente dont il a été l'objet, le 13-5 de ce mois, de la part du
sieur Mavro neveu, son propriétaire, en faveur du sieur Elie Panaï, se
prétendant né à Céphalonie, mais en fait négociant établi à Livourne
où il est le gérant et l'associé de la maison Alexandre Mavro et Ce ;

« Que, depuis lors, *l'Alexandre Ier* a navigué, sans discontinuer, sous
ledit pavillon ionien, étant commandé nominalement par le sieur Panaï
Rossolino, sujet ionien, mais en réalité, et de l'aveu de l'équipage, par les
sieurs Christophe et Paul Dabcewich, demeurés à bord, l'un en qualité
prétendue de directeur, l'autre en qualité de second et d'écrivain ;

« Que ce bâtiment n'a pas cessé non plus d'être employé au commerce
du port ennemi auquel il appartenait, puisqu'après avoir été expédié
avec un premier chargement de grains d'Odessa pour Toulon et Marseille, il est retourné à Odessa au mois de mars 1854, et y a pris un
nouveau chargement pareil pour Livourne ;

« Qu'il n'a été trouvé à bord ni acte de vente, ni aucun autre acte de
propriété; que le certificat de nationalité attribue faussement au sieur
Elie Panaï un domicile dans les îles Ioniennes; que la soumission cautionnée qui doit en précéder la délivrance, au lieu d'être signée par l'armateur prétendu; et qu'enfin des deux rôles d'équipage trouvés à bord l'un était
périmé et l'autre n'indique ni la nationalité, ni la solde, ni la qualité
d'aucun des hommes qui y figurent ;

« Considérant, en droit, qu'aux termes de l'article 7 du règlement du 26

Juillet 1778, les bâtiments qui ont eu un propriétaire ennemi ne peuvent être réputés neutres s'il n'est trouvé à bord quelques pièces authentiques passées devant un officier public qui justifie que la vente ou cession en a été faite à quelque sujet neutre avant le commencement des hostilités ;

« Considérant que, d'après la législation ionienne même, le certificat de propriété est une des pièces de bord exigées pour la régularité de la navigation des bâtiments ioniens ;

« Considérant qu'il ne saurait être suppléé à la représentation de ce document par la mention générale contenue dans la formule imprimée du certificat de nationalité portant que la propriété du bâtiment a été dûment justifiée ;

« Considérant que l'acte de cession, en date du 15-3 juillet 1853, dont expédition a été produite par la défense, peut d'autant moins suppléer au défaut de l'acte qui eût dû se trouver à bord, que, quand même il serait régulier en la forme et admissible, nonobstant les dispositions formelles de l'article 11 du règlement ci-dessus visé, il ne couvre au fond qu'une vente simulée, puisque d'un côté la vente effectuée par le sieur Alexandre Mavro neveu a été consentie au profit du gérant d'une maison notoirement connue comme succursale, ou tout au moins comme une correspondante habituelle de la sienne et ayant la même raison sociale; que, de l'autre, il n'apparaît pas que le sieur Jean-Baptiste Mavro, qui figure dans ledit acte comme représentant du sieur Élie Panaï, de Livourne, fût porteur d'aucun pouvoir spécial ayant date certaine; et qu'enfin il ne résulte pas de l'acte la preuve certaine de payement effectif de prix, le vendeur se bornant à déclarer que ce prix lui a été entièrement payé;

«Considérant qu'à ces présomptions graves sur le caractère fictif de la vente de l'*Alexandre Ier*, il se joint une circonstance plus grave encore, celle de la continuité de la présence à bord de l'ancien capitaine, le sieur Christophe Dabcewich, qui commandait le bâtiment sous pavillon russe, ainsi que de celle de l'ancien second, le sieur Paul Dabcewich, lesquels, bien que nés sujets autrichiens, n'avaient pas cessé de représenter à bord les intérêts de l'armement primitif appartenant à la maison russe Alexandre Mavro, d'Odessa ;

« Considérant enfin que le rôle d'équipage, en date du 24 août dernier, est irrégulier, aussi bien que le certificat de nationalité et l'acte de soumission cautionnée susénoncés;

« Considérant que, dans ces circonstances, le changement de pavillon dont l'*Alexandre Ier* a été l'objet ne saurait être considéré que comme une fraude destinée à dissimuler sa nationalité ennemie ;

« Qu'ainsi il y a lieu de déclarer ce bâtiment de bonne prise, par application des articles 7 et 9 du règlement du 26 juillet 1778 et 83 de l'arrêté du 2 prairial an XI ;

« Décide : La prise du navire l'*Alexandre Ier* est déclarée valable.... »

CONSEIL IMPÉRIAL DES PRISES. — 21 *avril* 1855.

Lorsqu'il résulte indubitablement de l'ensemble des pièces transmises au Conseil des prises qu'un navire capturé est ennemi, le Conseil peut déclarer la prise bonne et valable, quoique les capteurs n'aient pas, au moment de la capture, observé les formalités prescrites par les lois et règlements.

LE TRI-SWIATITELA.

« LE CONSEIL ; Considérant que des pièces de l'instruction il résulte :

« En fait : 1° Que le brick russe *Tri-Swiatitela*, capitaine Mathieu Afdeieff, se rendant d'Eupatoria à Odessa avec un chargement de sel pour compte russe, a été capturé, le 27 avril 1854, sous le cap Tarkhan, par la frégate *le Descartes*, en vue de l'escadre française de la Méditerranée, croisant sur les côtes de Crimée, escadre dont ladite frégate faisait partie ;

« 2° Que le chancelier de l'ambassade de Constantinople a ordonné la vente du navire et de son chargement, à raison de leur état de dépérissement, et que cette vente a produit une somme nette de 7,239 francs, présentement déposée dans la caisse des invalides de la marine ;

« En la forme :

« Considérant que si les formalités prescrites pour la constatation et l'instruction préalable des prises n'ont pas été complétement observées dans l'espèce, le dossier présente néanmoins des éléments suffisants pour qu'il puisse être statué en pleine connaissance de cause ;

« Considérant qu'aucune réclamation ne s'est élevée depuis l'époque éloignée à laquelle remonte la capture et l'expiration du délai accordé (pour la production des réclamations et des pièces à l'appui) ;

« Considérant, en droit, que la nationalité ennemie du navire et du chargement étant constatée par le pavillon du navire lors de l'arrestation, par les pièces de bord, par la composition de l'équipage et par l'aveu du capitaine, il y a lieu de valider la capture dudit navire et dudit chargement... ;

« Décide :

« La prise du brick *le Tri-Swiatitela* et de son chargement est déclarée valable. »

CONSEIL IMPÉRIAL DES PRISES. — 19 *mai* 1855.

Lorsque le Conseil des prises ordonne la restitution d'un navire neutre capturé, il ne doit pas condamner les capteurs à des dommages-intérêts, lorsqu'il y avait un prétexte légitime de capture, même si les soupçons qui s'étaient élevés sur la nationalité de la prise s'évanouissent dans l'instruction. Les dépens de l'instance doivent aussi rester à la charge des capturés.

LA FULVIE.

« LE CONSEIL ; Considérant que des pièces de l'instruction il résulte que le brick *la Fulvie*, ci-devant *l'Aspasie*, naviguant sous le pavillon toscan et sous le commandement du sieur Antonio Taglierani, a été arrêté, le 6 avril 1855, à douze milles en mer au sud-ouest de Livourne, par l'aviso à vapeur de la marine impériale *l'Averne*, commandé par le lieutenant de vaisseau Bourdeau, comme soupçonné d'être une propriété ennemie déguisée ;

« Considérant qu'il est établi par les pièces de l'instruction que ce bâtiment, originairement grec, a été, en 1851, couvert du pavillon russe ;

que cette circonstance devait faire supposer que *la Fulvie* avait appartenu à un Russe, et qu'il ne se trouvait à bord aucun acte authentique prouvant le transfert de cette propriété au sujet grec qui en a fait la vente aux propriétaires toscans actuels, circonstances qui justifient pleinement l'arrestation du bâtiment ;

« Considérant, d'un autre côté, que l'instruction n'a pas prouvé que *l'Aspasie* ait jamais appartenu à un sujet russe ; qu'il est suffisamment démontré que le bâtiment a repris le pavillon grec depuis 1852, et que les circonstances dans lesquelles il s'est couvert du pavillon russe, ainsi que le rétablissement de la propriété grecque au nom du précédent propriétaire, permettent de supposer que la prise de ce pavillon n'a été que la conséquence d'un abus assez fréquent dans les mers de l'Archipel, abus qui peut, jusqu'à un certain point, s'expliquer par les événements politiques du moment ;

« Qu'ainsi, sans examiner si la dernière vente de *l'Aspasie* a été sincère, il paraît constant que ce bâtiment constituait, au commencement de la guerre, une propriété neutre à laquelle on ne saurait, sans en méconnaître le véritable sens, appliquer les termes de l'article 7 du règlement ci-dessus visé ; que dès lors il est juste de prononcer la relaxation immédiate de *la Fulvie* avec son chargement ;

« Mais que, du moment où il a existé chez le capteur des soupçons légitimes de nationalité ennemie de nature à justifier l'arrestation du navire, il n'y a pas lieu à accorder les dommages-intérêts réclamés par le capitaine Taglierani et par les chargeurs et propriétaires de la cargaison, et il convient de laisser à la charge de l'armement les frais auxquels l'arrestation a donné lieu,

« Décide que la prise du navire *la Fulvie* est déclarée non valable ;

« Ordonne en conséquence la restitution, en l'état où ils se trouvent, du navire et de son chargement ;

« Dit qu'il n'y a lieu à accorder des dommages-intérêts ;

« Ordonne que le payement des frais d'instruction, dont le caissier des prises, à Toulon, dressera l'état, sera mis à la charge du capitaine de *la Fulvie*, qui sera contraint audit payement par toutes les voies de droit. »

CONSEIL IMPÉRIAL DES PRISES. — 26 *mai* 1855.

Est de bonne prise tout objet qui, par sa nature, est contrebande de guerre, lorsqu'on peut supposer qu'il est destiné à l'ennemi, bien qu'il soit chargé sur un navire neutre et qu'il soit parti d'un port neutre à un autre port neutre.

Doit être réputé appartenir à l'ennemi et comme tel doit être confisqué tout objet de contrebande de guerre chargé sous pavillon neutre, lorsque la propriété neutre n'est pas prouvée par des pièces trouvées à bord.

LA WROW-HOUWINA.

« LE CONSEIL, considérant que des pièces et de l'instruction il résulte, en fait :

« Que le navire hanovrien *la Wrow-Houwina*, capitaine Rostee, parti de Lisbonne à la destination déclarée de Hambourg, a été arrêté le 28 novembre de l'année dernière par l'aviso à vapeur de l'État *le Phénix*, à huit milles en pleine mer, à l'ouest du cap Rocca, comme soupçonné de transport illicite de contrebande de guerre ;

« Que ce bâtiment avait en effet à bord neuf cent soixante-treize sacs de salpêtre brut de l'Inde, désignés sur le manifeste et les connaissements sous la simple dénomination de *marchandises* ;

« Que les connaissements y relatifs, signés seulement du capitaine, indiquent que le chargement a été fait par le sieur Roiz, à son ordre et à destination de Hambourg ;

« Que ces neuf cent soixante-treize sacs provenaient intégralement d'un chargement apporté d'Angleterre à Lisbonne, le 17 octobre dernier, par le navire *le Julius*, d'où ils avaient été transbordés sur *la Wrow-Houwina* par les soins du sieur Schaltz, négociant à Lisbonne, à qui ils avaient été consignés par connaissements, au nom du sieur John Esken, de Londres ;

« Que l'exportation d'Angleterre avait eu lieu au moyen de trois ac-quits-à-caution portant engagement d'en faire constater le débarque-ment dans le pays de destination, et que, pour remplir cet engagement, Schaltz avait obtenu du consul d'Angleterre à Lisbonne un certificat attestant, d'après sa déclaration, que ledit salpêtre était destiné à être consommé dans ce pays et non à être réexporté ;

« Enfin, que ce chargement de salpêtre est réclamé par le sieur Wehner, ès noms qu'il agit, en vertu de deux doubles connaissements endossés en blanc par Roiz, comme étant propriété de sujets neutres ou alliés, et destiné pour un port neutre ;

« Au fond, considérant que le salpêtre est un objet susceptible d'être contrebande de guerre ; que la contrebande de guerre est saisissable sous pavillon neutre, quand elle appartient à l'ennemi, ou quand elle est dirigée vers le territoire, les armées ou les flottes de l'ennemi ;

« Que le commerce des objets de contrebande ne saurait être présumé licite qu'à la condition d'être effectué avec la plus entière bonne foi et la plus complète sincérité, et que toute dissimulation, toute fraude ou tout dol dont ce commerce serait accompagné, doivent de plein droit le faire présumer illicite ; et que c'est à ce commerce surtout qu'il im-porte d'appliquer avec rigueur le principe d'après lequel il y a lieu de considérer comme appartenant à l'ennemi les objets dont la propriété neutre ou amie n'est pas justifiée par les pièces trouvées à bord ;

« Faisant application de ces principes à l'espèce :

« Considérant qu'il résulte de l'instruction, et notamment des dé-clarations du capitaine, que Roiz, ouvrier aux gages de Schaltz, n'a été qu'un prête-nom destiné à cacher le véritable propriétaire ; que dès lors la preuve de la propriété neutre n'est justifiée par aucune des pièces trouvées à bord, et qu'aucun autre sujet neutre ne saurait être admis à établir ses droits de propriété, en dehors et contre la teneur desdites pièces ;

« Que la maison Wienhalt, Wehner et Cᵒ, de Londres, réclame la propriété du salpêtre en vertu d'un simple endossement en blanc apposé au dos d'un double original des connaissements ci-dessus visés ; mais que, sans examiner la valeur d'un endossement en blanc en temps de guerre et en matière de contrebande de guerre, il est évident que Roiz n'a pu conférer à personne plus de droits qu'il n'en avait lui-même ; qu'ainsi, le titre de propriété, et par suite la nationalité amie du sal-pêtre, ne résulte non plus d'aucune pièce trouvée à bord ;

« Considérant que si des sujets alliés peuvent être admis à établir leurs droits de propriété par d'autres titres que par les pièces de bord, c'est à cause de la faveur qui doit s'attacher à eux, à raison de la poursuite d'une guerre commune et à cause des simulations auxquelles leurs intérêts peuvent les obliger d'avoir recours pour tromper l'ennemi ; mais qu'ils ne sauraient invoquer ce privilège, quand, comme dans l'espèce, ils ont fait usage de simulations évidemment destinées à tromper soit les croiseurs de leur nation, soit ceux de la puissance alliée, et à plus forte raison lorsqu'il résulte de leurs propres assertions, en les admettant sincères, qu'ils étaient engagés dans un commerce illicite et contraire aux lois de leur propre pays ;

« Considérant que les prétendus usages commerciaux, invoqués par les réclamants, pour expliquer ces simulations, ne sauraient s'appliquer, en temps de guerre, à des expéditions d'objets de contrebande de guerre, et ne sauraient en aucun cas servir de justification à l'entremise de simples ouvriers à gages, tels que Roiz ; qu'ils ne peuvent non plus expliquer dans l'espèce la dissimulation de la nature de la marchandise sur les connaissements et le manifeste, puisque l'expéditeur Schaltz établit lui-même, dans ses contre-protestations, que l'expédition n'était point ignorée du commerce, et avait même été signalée à son attention particulière par les journaux de Lisbonne ; qu'ainsi la dissimulation était sans nécessité pour assurer le secret d'une spéculation commerciale licite, et ne pouvait avoir d'autre but que de tromper la vigilance des croiseurs et de favoriser une opération illicite ;

« Considérant qu'à ces présomptions de propriété ennemie suffisantes pour déterminer la confiscation du salpêtre saisi à bord de la *Wrow-Houwina*, il faut ajouter encore celles qui se rattachent à la destination du bâtiment ;

« Qu'en effet, si le bâtiment a été relâché comme neutre, il ne s'ensuit pas de plein droit, ainsi que l'a prétendu la défense, que, par sa décision, le Conseil ait reconnu la réalité de la destination neutre assignée à son voyage, puisque cette relaxation eût dû être prononcée également, aux termes des règlements français, dans le cas où le bâtiment aurait été destiné d'une manière patente pour un port ennemi ;

« Qu'il est d'autant plus permis de supposer que la destination de Hambourg n'était qu'apparente, et que la *Wrow-Houwina*, après avoir débarqué dans ce port son chargement licite, devait relever pour un port ennemi de la Baltique, que son départ de Lisbonne coïncidait précisément avec le moment de la retraite des escadres alliées, qui laissaient les ports russes débloqués, et que cette dissimulation de plus sur les papiers de bord ne serait que la reproduction d'une fraude analogue à l'aide de laquelle ce même bâtiment avait été précédemment expédié de Lisbonne pour Elseneur par le même négociant Schaltz, avec un chargement destiné, en réalité, pour la Russie ;

« Mais que, sans recourir même à cette supposition, l'expédition du navire pour Hambourg cachait, suivant toute apparence, sinon pour le navire, du moins pour le chargement, une destination ennemie, attendu qu'il est de notoriété publique que la ville de Hambourg a reçu, dans le courant de l'année dernière, des quantités de salpêtre, soit à l'état de nitrate de potasse, soit à l'état de nitrate de soude, qui excédaient de beaucoup ses importations habituelles ; qu'au mois de décembre dernier, à l'époque même où la *Wrow-Houwina* pouvait être attendue à Hambourg, des tentatives étaient faites par des négociants de cette ville

pour obtenir d'un armateur de Lubeck l'affrétement d'un bâtiment destiné à porter en Russie du plomb, du salpêtre et du soufre, et qu'à la fin
du mois de janvier suivant une autre expédition de plomb et de salpêtre,
partie de Hambourg par chemin de fer à destination de Kœnigsberg, a
été, de cette dernière ville, dirigée par terre, et par traîneaux russes,
vers la frontière de Russie, du côté de Kowno;

« Considérant, en résumé, qu'une expédition de contrebande de guerre
préparée à l'aide d'une fraude contre les mesures politiques prescrites
par un gouvernement allié dans l'intérêt d'une guerre commune, conti-
nuée sous un nom supposé, dissimulée sur les papiers de bord, et faite
à destination des parages rapprochés du pays ennemi, et servant de
voie habituelle aux approvisionnements de l'ennemi, doit être présumée
effectuée pour compte et à destination de l'ennemi, et qu'il y a lieu,
dès lors, de prononcer la confiscation des objets saisis, par application
des articles 1 et 2 du règlement du 26 juillet 1778 et de l'article 53 de
l'arrêté du 2 prairial an XI;

« Décide : La prise des neuf cent soixante-treize sacs de salpêtre
saisis à bord du navire hanovrien *la Wrow-Houwina* par l'aviso à vapeur de la marine impériale *le Phénix* est déclarée valable. »

CONSEIL IMPÉRIAL DES PRISES. — 4 *septembre* 1855.

*D'après la convention du 10 mai 1854, entre la France et l'Angle-
terre (art. 4), on devait partager les prises en commun en autant de
parts qu'il y avait de marins sur les bâtiments capteurs, et les attribuer
proportionnellement au nombre d'hommes de chaque nation.*

LE SITKA.

Le Sitka, navire russe, avait été capturé pendant l'expédition de Petropaulowski par une escadre anglo-française,
commandée par le contre-amiral Febvrier-Despointes.
Voici comment la répartition du produit de la prise a été
faite :

« LE CONSEIL ; — Considérant qu'il est dûment justifié par des états
émanés de l'administration de la marine anglaise que l'effectif des trois
bâtiments de la marine de Sa Majesté Britannique, qui ont concouru
à la prise du *Sitka*, était de neuf cent dix hommes ;

« Que les trois états fournis par les administrateurs de la marine de
Cherbourg et de Toulon établissent d'une manière régulière que l'effectif des trois bâtiments de la marine impériale qui ont concouru à la
capture était de huit cent quatre-vingt-quinze hommes ;

« Décide : Que le produit net de la prise russe *le Sitka* sera divisé
en dix-huit cent cinq parts, dont neuf cent dix seront attribuées aux
états-majors et équipages des bâtiments de Sa Majesté Britannique, et
huit cent quatre-vingt-quinze à ceux des bâtiments de la marine impériale *la Forte*, *l'Eurydice* et *l'Obligado*. »

Conseil impérial des prises. — 2 *décembre* 1854.

Le navire neutre qui porte des subsides à une province insurgée contre un allié est de bonne prise.

LA THESSALIA.

Le brick grec *la Thessalia* avait été capturé par la corvette de l'Empereur *l'Infernal*, sous prévention de piraterie. On reconnut depuis qu'aucun fait de piraterie n'était imputable à ce navire; mais de l'instruction il résulta que *la Thessalia* portait aux insurgés de Thessalie des armes ainsi que des valeurs d'or et d'argent, dont une partie était envoyée par l'empereur de Russie pour aider et exciter l'insurrection des provinces de la Turquie d'Europe.

Le Conseil a considéré que porter des armes et de l'argent aux sujets insurgés d'un allié de la France, c'était s'immiscer aux hostilités, et, en conséquence, il a déclaré de bonne prise *la Thessalia*.

La décision suivante a été rendue, sous la présidence de M. Boulay de la Meurthe, au rapport de M. Ernest Baroche et sur les conclusions de M. Louis de Clercq, commissaire du gouvernement :

« LE CONSEIL ; — Considérant que des pièces et de l'instruction il résulte, en fait, que le brick *la Thessalia* a été arrêté, le 29 juin 1854, à l'entrée du canal d'Andros, par la corvette à vapeur de l'Etat, *l'Infernal*, comme soupçonné de se livrer à la piraterie, sur la plainte du capitaine du navire français *la Nouvelle Eugénie;*

« Que ledit brick a été arrêté sans rôle d'équipage et ayant à son bord des fusils et autres armes à feu chargés et amorcés, ainsi que des poignards aiguisés, des munitions, des effets d'équipement militaire, et une somme d'environ 32,000 francs, tant en pièces d'or françaises qu'en monnaie étrangère ; — Qu'il ne contenait ni marchandises, ni cargaison d'aucune espèce ;

« Considérant que l'objet direct de l'expédition de ce bâtiment, ainsi qu'il résulte de l'instruction, et notamment des aveux du passager Tasséo, était de permettre à celui-ci, agissant de connivence avec les sieurs Afendenli et Théodore Phrescalaki, le premier propr'étaire, le second capitaine de *la Thessalia*, de porter des secours en armes, munitions, effets d'équipement et numéraire à l'insurrection fomentée en Thessalie à cette époque dans le but de détourner cette province de l'empire Ottoman ;

« Considérant qu'il résulte, en outre, de l'instruction, que ces secours provenaient en partie de souscriptions et dons particuliers, et en ma-

jeure partie de fonds fournis par le gouvernement russe ; — Qu'ils étaient
manifestement destinés à maintenir une lutte engagée contre une nation
alliée et cobelligérante, et que dès lors ce transport, effectué en dehors
de la neutralité, constitue un acte flagrant d'hostilité ;

« Considérant que des gouvernements unis dans le but de défendre
l'intégrité du territoire d'un gouvernement allié sont en droit, aussi bien
que ce gouvernement lui-même, d'appliquer les lois de la guerre à ceux
qui, directement ou indirectement, se constituent les ennemis de ce
gouvernement ;

« Considérant d'ailleurs qu'il n'existait à bord de la *Thessalia* aucun
objet susceptible d'être légitimement réclamé comme étant la propriété
commerciale d'un sujet neutre ;

« Considérant que, par ces motifs, et sans qu'il soit besoin d'examiner si le brick la *Thessalia* a cherché, le 29 juin dernier, à commettre
des actes de piraterie contre le navire français la *Nouvelle Eugénie*, il
y a lieu de déclarer ce bâtiment, avec tout ce qui se trouvait à bord, de
bonne prise, par application des articles 51 et 53 de l'arrêté du 2 prairial an XI ;

« Décide : Est déclarée valable la prise du brick grec la *Thessalia*. »

Conseil impérial des prises. — 19 janvier 1856.

*Lorsqu'un navire, soupçonné d'avoir une nationalité ennemie, a été
capturé, et que la neutralité de la cargaison n'est pas douteuse, il y a
lieu d'ordonner la disjonction de la cause des chargeurs de celle des
armateurs et de restituer immédiatement le chargement.*

*En pareil cas, le fret, acquis à l'armement, doit être déposé à la
caisse des invalides pour être restitué ensuite aux capteurs, si la prise
est valide, ou aux armateurs, si elle est annulée.*

L'Amista.

« Le Conseil ; — Considérant que des pièces et de l'instruction il résulte que l'*Amista*, se rendant, sous pavillon toscan et sous le commandement du capitaine Bava, de Livourne à Marseille avec un chargement
de grains à l'ordre du sieur Armolini, négociant autrichien à Ibraïla, a
été arrêté, le 11 décembre 1855, à 12 milles en mer, au sud de Livourne,
par l'aviso à vapeur de la marine impériale l'*Averne*, comme soupçonné
de cacher sa nationalité russe sous un pavillon d'emprunt ;

« En ce qui touche le bâtiment : Considérant que l'instruction n'est
pas complète ;

« En ce qui touche le chargement : Considérant que, dans l'espèce, et
en raison des circonstances, la question qui le concerne peut être réso-
lue indépendamment de celle relative au navire ; — Considérant que la
neutralité du chargement est établie par la neutralité ;

« En ce qui touche le fret : Considérant que, par suite de l'accomplissement du voyage, le fret se trouve acquis au chargement dont il forme
un accessoire ;

« Décide : La cause des chargeurs de l'*Amista* est disjointe de celle
des armateurs dudit navire ;

« Statuant au fond, ordonne la restitution immédiate du chargement
en l'état où il se trouve, etc., le tout à la charge, par le consignataire, de

verser à la caisse des invalides de la marine, pour le compte de qui il appartiendra, le montant du fret, déduction faite des avances payées au capitaine. »

CONSEIL IMPÉRIAL DES PRISES. — 15 *février* 1856.

Lorsque des navires sont détachés d'une escadre pour faire une expédition, comme celle de Kertch en 1855, il y a lieu à l'application de l'article 16 de l'arrêté du 9 ventôse an IX.

LE SMIRUCH.

« LE CONSEIL ; — Considérant que le navire *le Smiruch* et son chargement doivent être considérés comme propriété ennemie ;

« Considérant que la capture a été faite par une division détachée de l'escadre pour une expédition spéciale, et qu'il y a lieu, en ce qui touche l'attribution du produit de la prise, d'appliquer l'article 16 de l'arrêté du 9 ventôse an IX... ;

« Décide : La prise est déclarée valable ;

« Ordonne que le navire et son chargement seront vendus pour le produit être distribué ; un tiers entre les états-majors et équipages des bâtiments ayant fait partie de l'expédition de Kertch, et les deux autres tiers entre ceux qui formaient l'escadre de la Méditerranée. »

OBSERVATION. — Beaucoup d'autres décisions ont été rendues dans les mêmes termes à propos des prises de cette expédition de Kertch. Pour l'attribution, il fallait savoir si les navires qui avaient fait cette expédition devaient être considérés comme ayant formé une escadre distincte de celle de la Méditerranée, auquel cas tout le produit des prises leur eût appartenu, ou s'ils avaient continué à faire partie de cette escadre, n'en ayant été séparés que momentanément. Le Conseil a décidé qu'ils n'avaient été détachés que pour une expédition spéciale.

ACTES RELATIFS A LA GUERRE DE 1859.

Le Moniteur du 5 mai 1859 a publié la déclaration suivante, à propos de la guerre avec l'Autriche :

« L'Empereur a décidé, sur la proposition de S. Exc. le ministre des affaires étrangères, que les sujets autrichiens qui se trouvent actuellement en France, en Algérie, ou dans les colonies françaises, seraient autorisés à y continuer leur résidence et leurs entreprises commerc....s pendant la durée de la guerre, tant que leur conduite ne fourn...ait aucun motif de plainte.

« L'admission des sujets autrichiens sur le territoire de l'Empire est, à partir de ce jour, subordonnée à des autorisations spéciales, qui ne seront accordées qu'à titre exceptionnel.

« Quant aux bâtiments de commerce autrichiens, actuellement dans les ports de l'Empire, ou qui y entreraient dans l'ignorance de l'état de guerre, Sa Majesté a bien voulu ordonner qu'ils auraient un délai de six semaines pour quitter ces ports, et qu'ils seraient pourvus de sauf-conduits pour pouvoir rentrer librement dans leurs ports d'attache, ou se retirer dans des ports neutres. »

Un décret impérial du 9 mai 1859 a institué un Conseil des prises à Paris. Ce décret est conçu exactement dans les mêmes termes que celui du 18 juillet 1854, qui se trouve commenté dans le *Traité des prises* (t. II, p. 228 et suiv.). Une seule modification a été faite : dans l'article 8, au lieu de : *Les équipages des bâtiments de S. M. la reine du Royaume-Uni d'Angleterre et d'Irlande*, le nouveau décret porte : *Les équipages des bâtiments des puissances alliées de la France*, etc.

Un autre décret, en date également du 9 mai 1859, a nommé M. Duvergier, conseiller d'Etat, président du Conseil des prises ; MM. Bourée, Quéru, de Lagau, de Selva, Ernest Baroche, de l'Hôpital, conseillers des prises, et M. L. de Clercq, commissaire du gouvernement.

Le 13 mai 1859, la reine d'Angleterre a donné une proclamation où elle recommande à ses sujets d'observer toutes les obligations que le droit des gens impose aux neutres ; et elle déclare qu'elle ne pourrait pas accorder sa protection à ceux de ses sujets qui contreviendraient à ces obligations. (Voir le texte de cette proclamation au *Moniteur* du 23 mai 1859.)

Le *Moniteur* du 29 mai 1859 a publié la note suivante :

« Jusqu'à présent, le gouvernement de l'Empereur n'a jamais considéré le charbon de terre comme objet de contrebande de guerre, et nous sommes en mesure d'annoncer qu'il se conformera, durant la guerre actuelle, à cette manière de voir. » (Voir le *Traité des prises*, t. Ier, p. 405.)

La *Gazette piémontaise* du 8 juin a publié l'avis suivant :

« Le gouvernement du roi déclare ne pas considérer le charbon de terre comme contrebande de guerre. »

Lors de la déclaration de guerre par l'Autriche, le roi de Sardaigne avait mis l'embargo sur les navires autrichiens qui se trouvaient dans ses ports. Depuis, cette mesure a été levée, ainsi que l'indique l'avis suivant de la *Gazette piémontaise* du 8 juin :

« Le gouvernement du roi avait déclaré que, dans le cours de la présente guerre, il comptait s'en tenir aux principes libéraux introduits dans le droit maritime international par la civilisation des temps modernes, et il en prescrivait l'application ; seulement, il se réservait de statuer en temps et lieu sur l'embargo dont avaient été frappés les navires autrichiens. Les exactions de toutes sortes commises par les Autrichiens dans les provinces occupées donnaient au Piémont le droit incontestable de convertir l'embargo en *prise* à titre de représailles. Toutefois, le gouvernement du roi voulant rendre, autant qu'il est en lui, moins onéreux pour les peuples les maux de la guerre, a préféré ne pas se prévaloir de ce juste droit et abandonner la conduite de l'Autriche au jugement de l'Europe civilisée. A cette fin, maintenant que l'ennemi a été chassé du territoire de l'Etat, S. A. R. le prince lieutenant de Sa Majesté a daigné ordonner que les navires qui se trouvaient dans les ports sardes au moment de la déclaration de guerre et ceux qui y ont été ensuite saisis soient mis en liberté, et qu'ils reçoivent des sauf-conduits pour rentrer dans les ports autrichiens. »

———

Le *Bulletin des lois* de l'empire d'Autriche, du 13 mai 1859, a publié, à l'occasion de la guerre, les dispositions suivantes :

Ordonnance des ministres des affaires étrangères, de l'intérieur, de la justice, du commerce, des finances et du commandant supérieur de l'armée, en date du 11 mai 1859, valable pour tous les pays de la couronne, ayant pour objet les règles à suivre pour la navigation et le commerce pendant la durée de la guerre.

« A l'occasion de la guerre qui vient d'éclater avec la France et la Sardaigne, et avec l'approbation de S. M. I. et R. A., donnée le 11 mai 1859, sont promulguées les dispositions suivantes, auxquelles auront à se conformer toutes les autorités civiles et militaires, ainsi que tous les sujets impériaux :

« § 1er. — Conformément à la déclaration du 16 avril 1856 des puissances représentées au Congrès de Paris, laquelle a consacré conventionnelles des dispositions spéciales relatives au droit maritime en temps de guerre, les autorités civiles et militaires de l'empire sont invitées par les présentes à observer strictement ces dispositions, qui sont publiées de nouveau dans l'annexe ci-jointe.

« La course en particulier est interdite d'une manière absolue aux navires marchands autrichiens. Toute participation au commandement, à l'équipement ou à l'armement de corsaires, n'importe sous quel pavillon, est également interdite à tous les sujets autrichiens.

« Quiconque contreviendra à cette défense sera passible des peines que les lois pénales autrichiennes prononcent contre le vol à main armée.

« § 2. — Dans l'attente d'une réciprocité de traitement de la part de leurs gouvernements, il est permis aux navires marchands français et sardes, qui se trouvent actuellement dans les ports autrichiens, de prendre immédiatement leurs cargaisons et de partir sans empêchement pour l'étranger, pourvu qu'ils n'aient à bord ni contrebande de guerre, ni autres objets prohibés.

« Les mesures à prendre à l'égard des bâtiments ennemis qui viendront à se présenter plus tard devant les ports autrichiens sont réservées pour une décision ultérieure.

« § 3. — Le gouvernement autrichien, tout en laissant tous ses ports de commerce ouverts pendant la durée de cette guerre pour les bâtiments marchands des nations neutres en vue du commerce licite avec l'étranger, ne peut néanmoins accepter aucune responsabilité à raison des pertes et dommages que ces navires pourraient éprouver par suite des opérations de la guerre, tant de la part des forces impériales que des forces ennemies.

« § 4. — Le commerce avec les ports ennemis est interdit aux bâtiments marchands autrichiens. Il leur est permis, à leurs risques et périls, de transporter à l'étranger tous les objets dont l'exportation n'est pas prohibée, de naviguer à l'étranger d'un port neutre à un autre, et d'un port autrichien à un autre.

« § 5. — Il est défendu aux bâtiments marchands d'exporter par mer, n'importe à quelle destination, et de quel port autrichien que ce soit :

« a. Des bouches à feu, armes et parties d'armes quelconques ;

« b. Du plomb, soufre, poudre, salpêtre, salpêtre du Chili, capsules, balles et autres munitions de guerre ;

« c. Des objets d'équipement militaire de toute espèce ;

« d. Des chevaux et mulets.

« Les objets ci-dessus indiqués ne pourront être expédiés dans aucune circonstance, même d'un port autrichien à un autre, que pour compte des autorités militaires impériales.

« § 6. — Il est, en outre, défendu aux bâtiments marchands d'exporter d'aucun port autrichien, sans distinction, et de transporter à l'étranger des objets d'armement de navires, tels que : toile à voiles, agrès, ancres, chaînes, câbles, machines pour la navigation et parties d'icelles, non plus que des charbons de terre, du bois de construction, des bestiaux de boucherie ou de porcherie, de la viande fraîche ou préparée.

« Il est également défendu d'exporter à l'étranger des navires et bateaux de toute espèce.

« Les chefs des gouvernements sont autorisés, dans des cas particuliers, à permettre au moyen de permis spéciaux, l'exportation de ces mêmes objets pour certaines destinations, à la condition d'en faire cautionner l'arrivée.

« Il est permis, jusqu'à nouvel ordre, d'expédier ces objets d'un port autrichien à un autre.

« § 7. — Les légations et consulats autrichiens dans les pays neutres sont invités à accorder aux capitaines et sujets autrichiens toute protection conforme aux principes du droit des gens et aux traités, que les circonstances permettront.

« § 8. — Il est défendu à tous les capitaines et patrons autrichiens, et à tous les sujets autrichiens en général, sous les peines portées par le Code pénal et les lois militaires contre les crimes, délits et contraventions, de prêter appui et secours de quelque manière que ce soit aux escadres ou bâtiments de guerre ennemis, ainsi qu'aux troupes ennemies, soit en transportant des troupes, des approvisionnements, des armes, des munitions ou contrebande de guerre de toute espèce, soit en leur communiquant des nouvelles, en leur faisant parvenir des lettres, ou en leur rendant des services de cette nature.

« § 9. — Sont maintenues provisoirement pour l'admission des bâtiments de guerre neutres dans les ports autrichiens, les dispositions de l'ordonnance du ministre de la guerre, du 29 janvier 1830, de la circulaire du commandant supérieur de l'armée du 9 août 1854, et les autres instructions sur cette matière.

« § 10. — Les sujets français et sardes, quelle que soit leur position sociale, pourront continuer à séjourner en Autriche, sans être troublés, pourvu qu'en se livrant tranquillement à leurs affaires ils observent les lois et règlements existants. »

—

Nous avons donné plus haut, p. 514 et 515, les règlements du Conseil des prises de 1854 ; le nouveau Conseil, à la date du 4 juin 1859, y a fait quelques légères modifications.

Dans le premier règlement, à l'article 4, on a supprimé la rédaction par écrit du projet de décision que devait faire le rapporteur.

La fin du même article, à partir de ces mots : *il prépare*, a été remplacée par ceci : « La correspondance relative à l'affaire est signée par le commissaire du gouvernement. Les ordonnances de *soit-communiqué* sont signées par le président. »

Dans l'article 6, on a supprimé les mots : *avis du rapporteur*. C'est la conséquence de la première modification de l'article 4.

L'article 7 a été refait comme suit : « Lorsque les pièces d'une affaire ont été remises au secrétariat du Conseil des prises, le Conseil fixe, s'il y a lieu, sur les conclusions du commissaire du gouvernement et sur l'avis du rapporteur, le délai après lequel il sera passé outre au jugement, sans que ce délai puisse excéder ceux qui sont fixés par l'article 13 de l'arrêté du 6 germinal an VIII. »

Dans le règlement sur les interprètes, à l'article 3, on a substitué aux mots : *par un individu étranger au Conseil,* ceux-ci : *par une personne qui ne serait pas admise à remplir les fonctions d'interprète devant le Conseil.*

A LA MÊME LIBRAIRIE.

BÉDARRIDE, avocat. Droit commercial, commentaire du Code de commerce. Titre I. Des commerçants. Titre II. Des livres de commerce. 1854, in-8 ; 7 fr. 50 c.

— Commentaire du titre III du Code de commerce, *Des Sociétés*. 1856-1857, 2 vol. in-8 ; 15 francs.

— Commentaire des lois des 17-23 juillet 1856, sur l'arbitrage forcé et les sociétés en commandite par actions. 1857, in-8 ; 3 francs.

CLAMAGERAN, avocat. Du louage d'industrie, du mandat et de la commission, en droit romain, dans l'ancien droit français et dans le droit actuel. 1857, in-8 ; 6 francs.

CUSSY (Baron de). Dictionnaire, ou Manuel lexique du diplomate et du consul. 1846, 1 gros vol. in-12 ; 10 francs.

— Phases et causes célèbres du droit maritime des nations. 1856, 2 vol. in-8 ; 18 francs.

— Règlements consulaires des principaux États maritimes de l'Europe et de l'Amérique : fonctions et attributions des consuls. 1851, in-8 ; 8 francs.

DE FREVILLE, ancien élève de l'École des Chartes. Mémoire sur le commerce maritime de Rouen depuis les temps les plus reculés jusqu'à la fin du seizième siècle. 1858, 2 vol. in-8 ; 14 francs.

DUVERGER, directeur des douanes en retraite. La Douane française. In-8 ; 6 francs.

FREMY-LIGNEVILLE, avocat. Dictionnaire général des Actes sous seing privé et Conventions verbales en matière civile, commerciale et administrative. 1850. 2 vol. in-8 ; 14 francs.

FROUART, docteur en droit. Conseils aux industriels et aux capitalistes ; ou Exposition méthodique et pratique des règles de la société en commandite par actions. 1857, in-8 ; 3 francs.

GOURAUD (Ch.). Essai sur la liberté du commerce des nations. Examen de la théorie anglaise du Libre échange. 1853, in-8 ; 5 francs.

— Histoire de la Politique commerciale de la France, et de son influence sur le progrès de la richesse publique, depuis le moyen âge jusqu'à nos jours. 1854, 2 vol. in-8 ; 12 francs.

MARTENS (Baron Ch. de). Recueil manuel pratique de traités, conventions et autres ouvrages diplomatiques, etc. 1846-1857, 7 vol. in-8 ; 72 francs.

— Causes célèbres du droit des gens. 2e édit., revue. 1858, 2 vol. in-8 ; 12 francs.

TYPOGRAPHIE HENNUYER, RUE DE BOULEVARD, 7, BATIGNOLLES.
Boulevard extérieur de Paris.